알면 알수록 더 궁금해지는 **놀라운 생화학 교실** **키즈 유니버시티**
KIDS UNIVERSITY

"BABY BIOCHEMIST : RNA"

카라 플로렌스 지음 | **정회성** 옮김

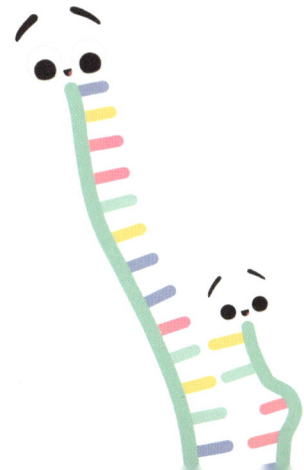

여기 **세포**가 있어요.
우리 몸은 수십조 개의 세포로 이루어져 있어요.

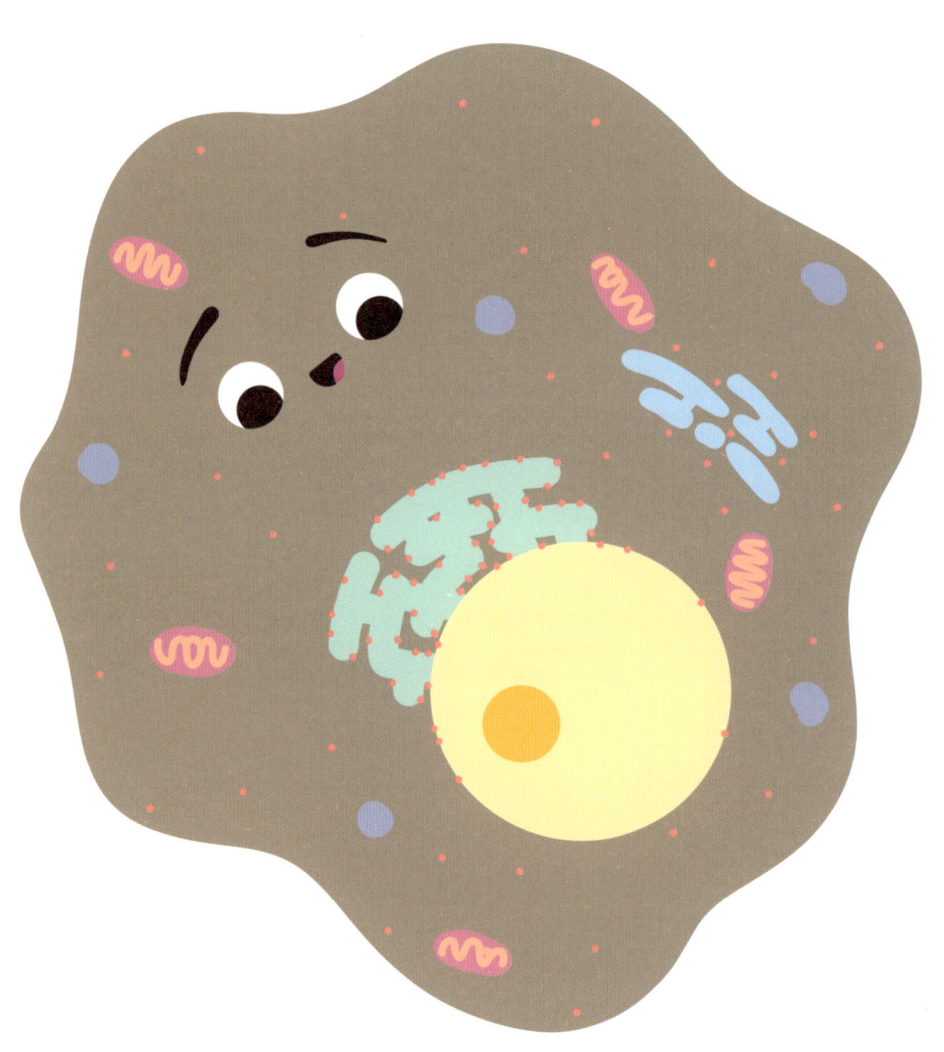

세포 안에서는 순간순간 많은 일이 일어나요.
세포에는 다른 세포로 보낼 갖가지 소식과 정보가 있어요.

세포들이 따라야 할 명령도 있고요.

명령을 수행할 일꾼들도 있답니다.

다행히도 우리 몸 안에는 세포에서 일어나는 모든 일이
순조롭게 이루어지도록 돕는 **RNA**가 있어요.
RNA는 **라이보핵산**(ribonucleic acid)의 줄임말이에요.

RNA는 네 종류의 분자가 연결된 기다란 끈 모양이에요. 이 분자들이 연결된 순서를 **염기서열**이라고 해요.

사이토신(C) 아데닌(A) 유라실(U) 구아닌(G)

RNA를 이루는 가닥은 마치 요가를 하듯 꼬여 있어요. 그리고 염기서열에 따라서 특정한 모양으로 접히지요. 이 RNA처럼 팔을 접을 수 있나요?

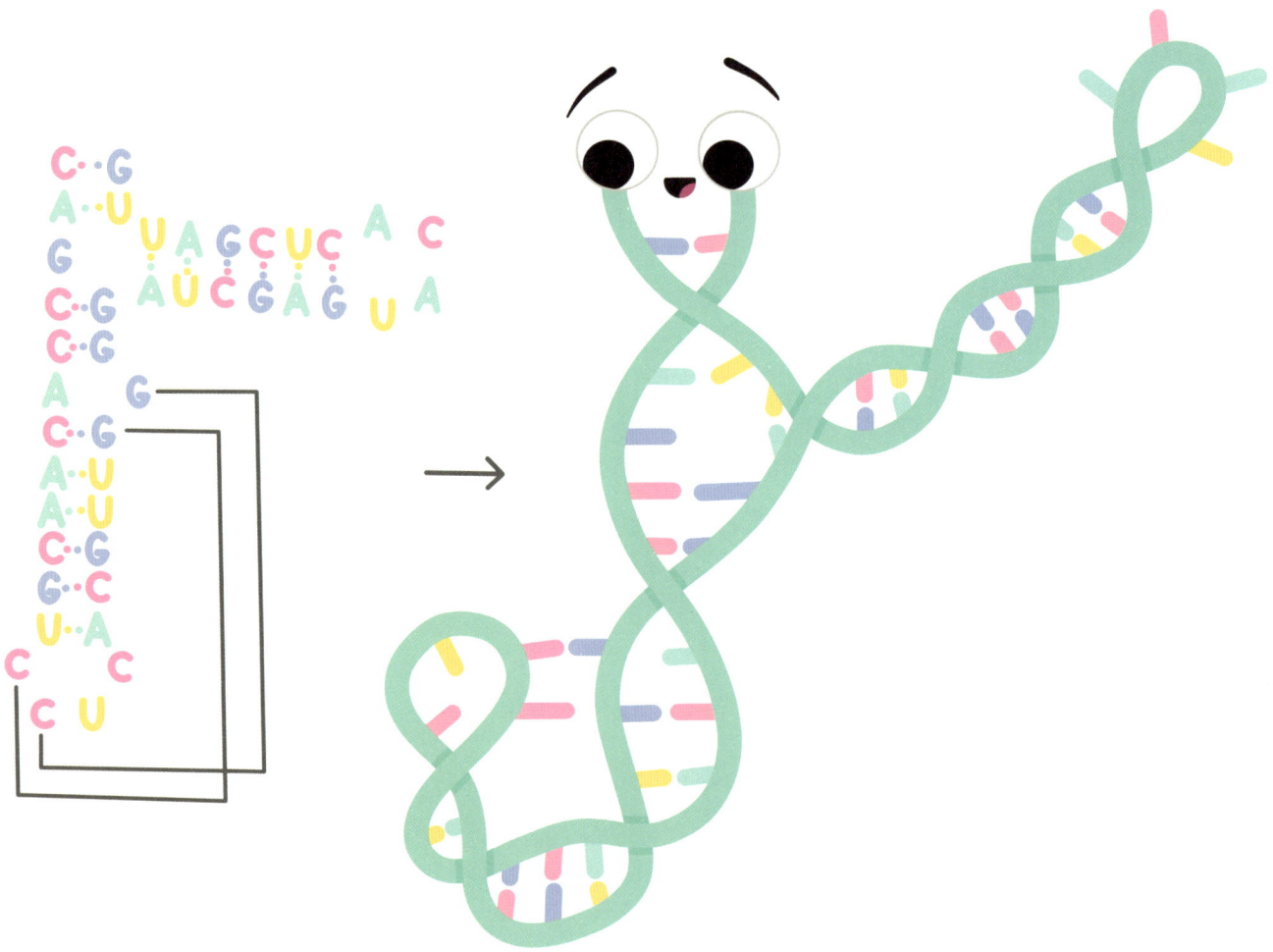

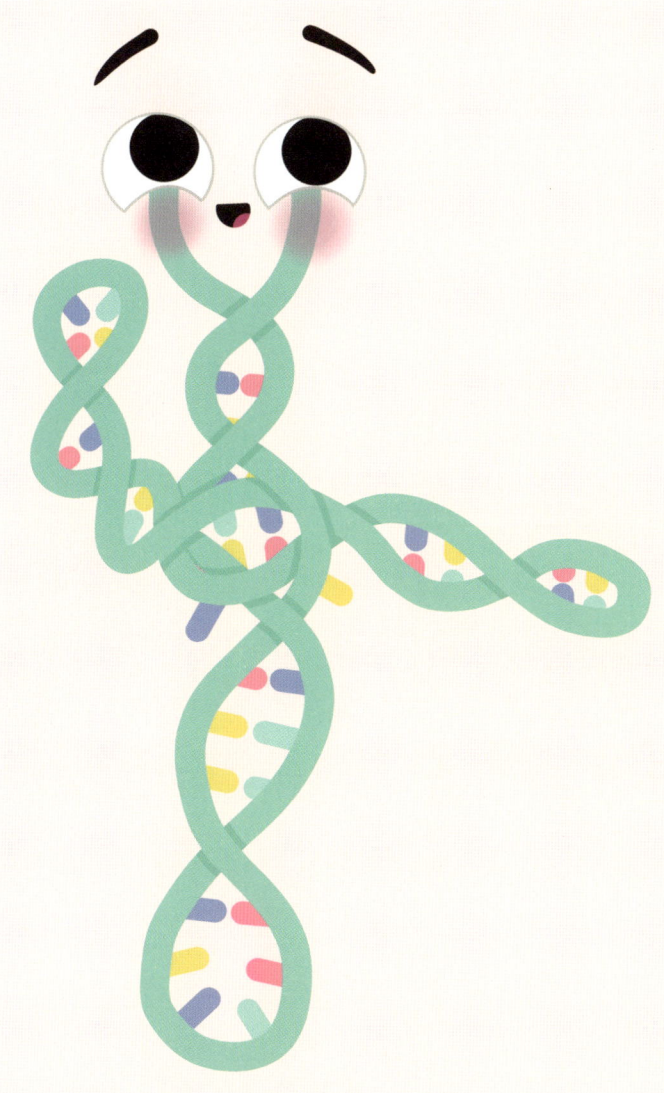

RNA는 재주가 참 많아요. 여러분처럼요!

RNA는 **유전자**라고 불리는 세포를 위한 특별한 명령을 담은 신호를 보내고, 읽고, 조절하는 데 도움을 줘요. 유전자는 **DNA**의 한 부분이에요.

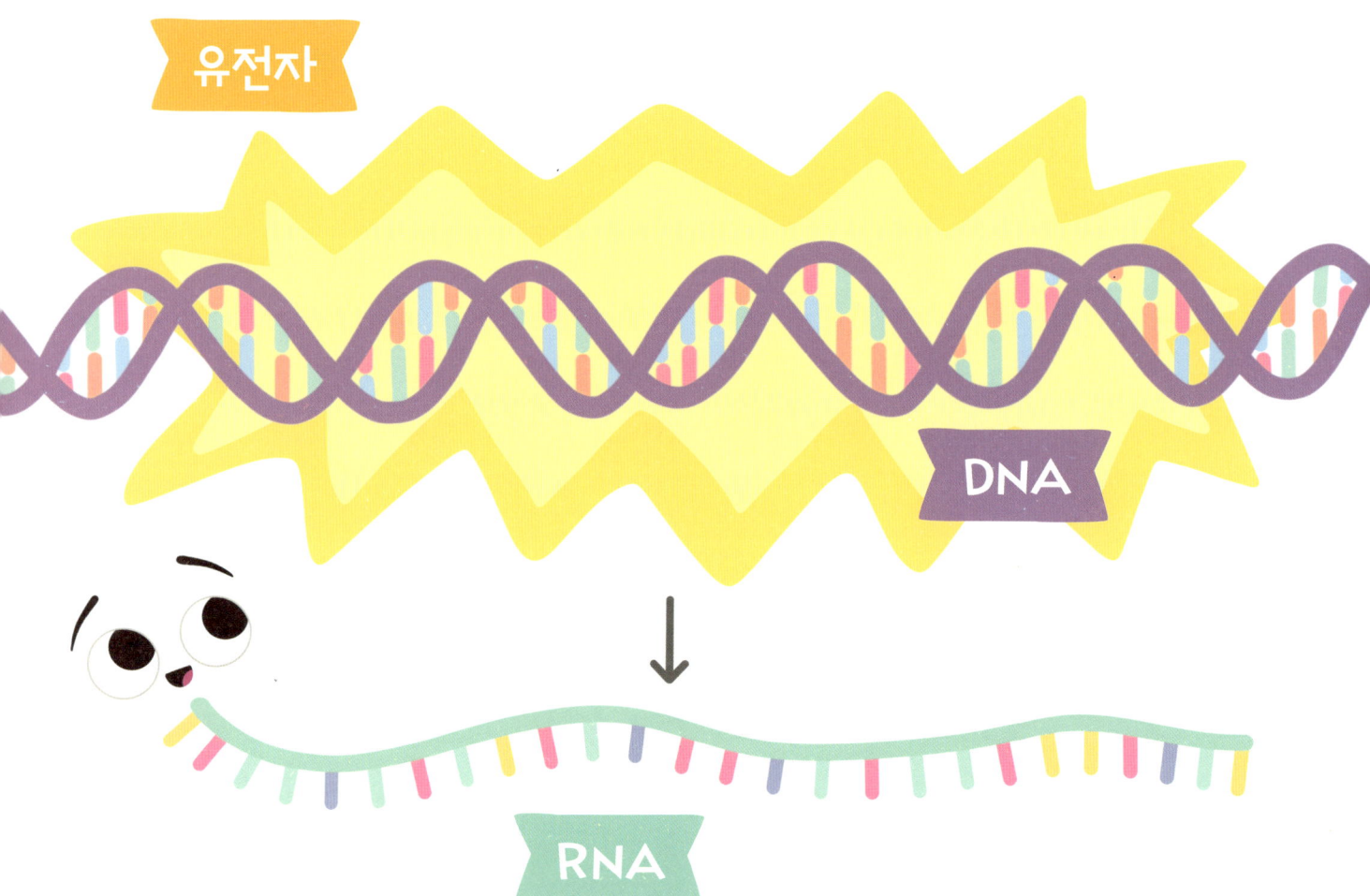

세포 안에 있는 명령에는 세포의 일꾼인 **단백질**을 만들기 위한 암호가 들어 있어요.

유전자는 아주아주 중요해요. 그래서 우리는 유전자를 세포의 **핵** 속에 꼭꼭 숨겨서 다치지 않게 보호해요.

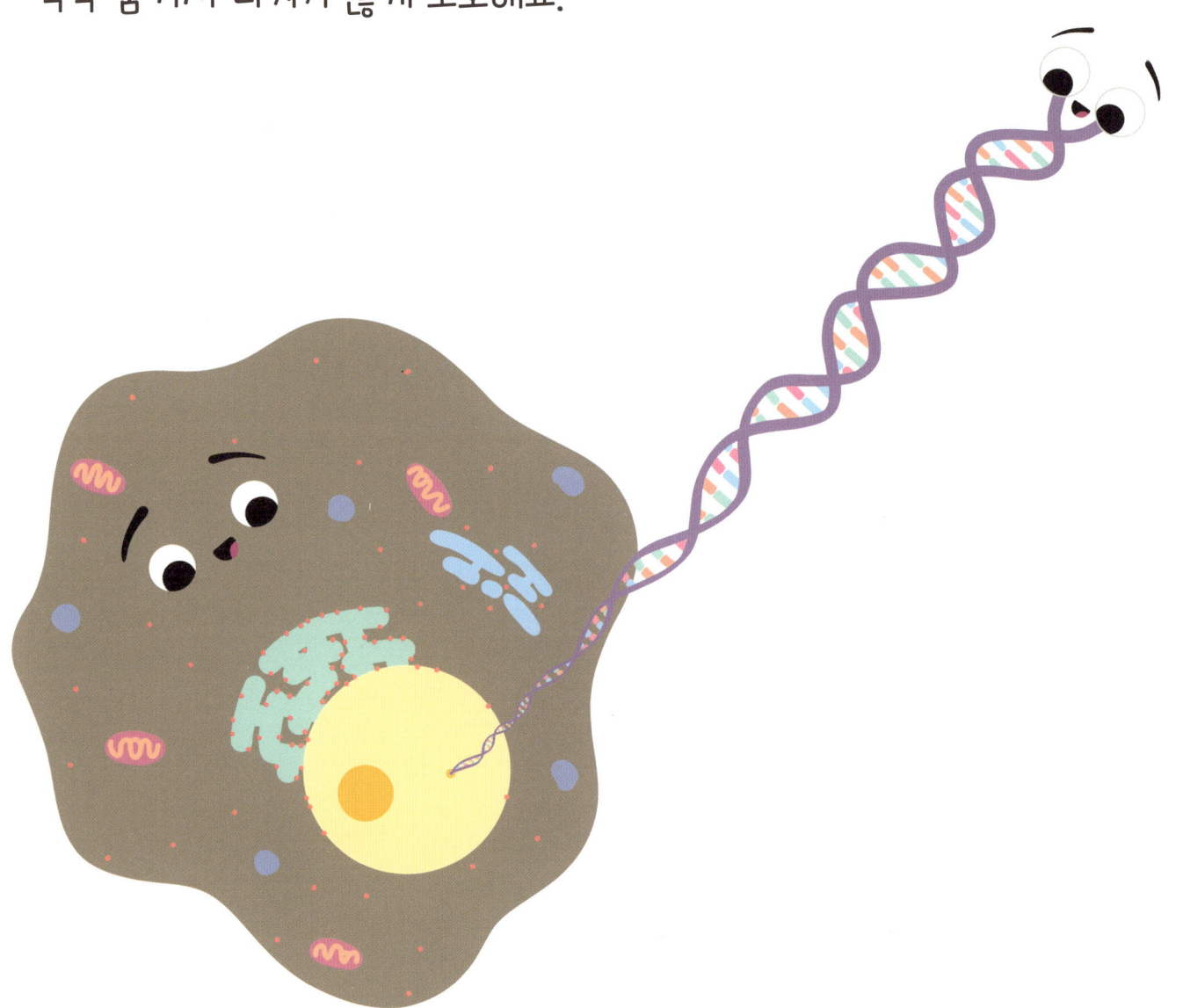

RNA 중에는 전령 RNA 또는 **mRNA**라고 불리는 것이 있어요. 핵 밖의 세포질로 메시지(message)를 전달하는 역할을 해서 그런 이름을 붙였어요. mRNA는 유전자의 정보를 복사해서 이를 내보내요. mRNA에게 **세포질**로 가는 길을 알려 줘 볼까요?

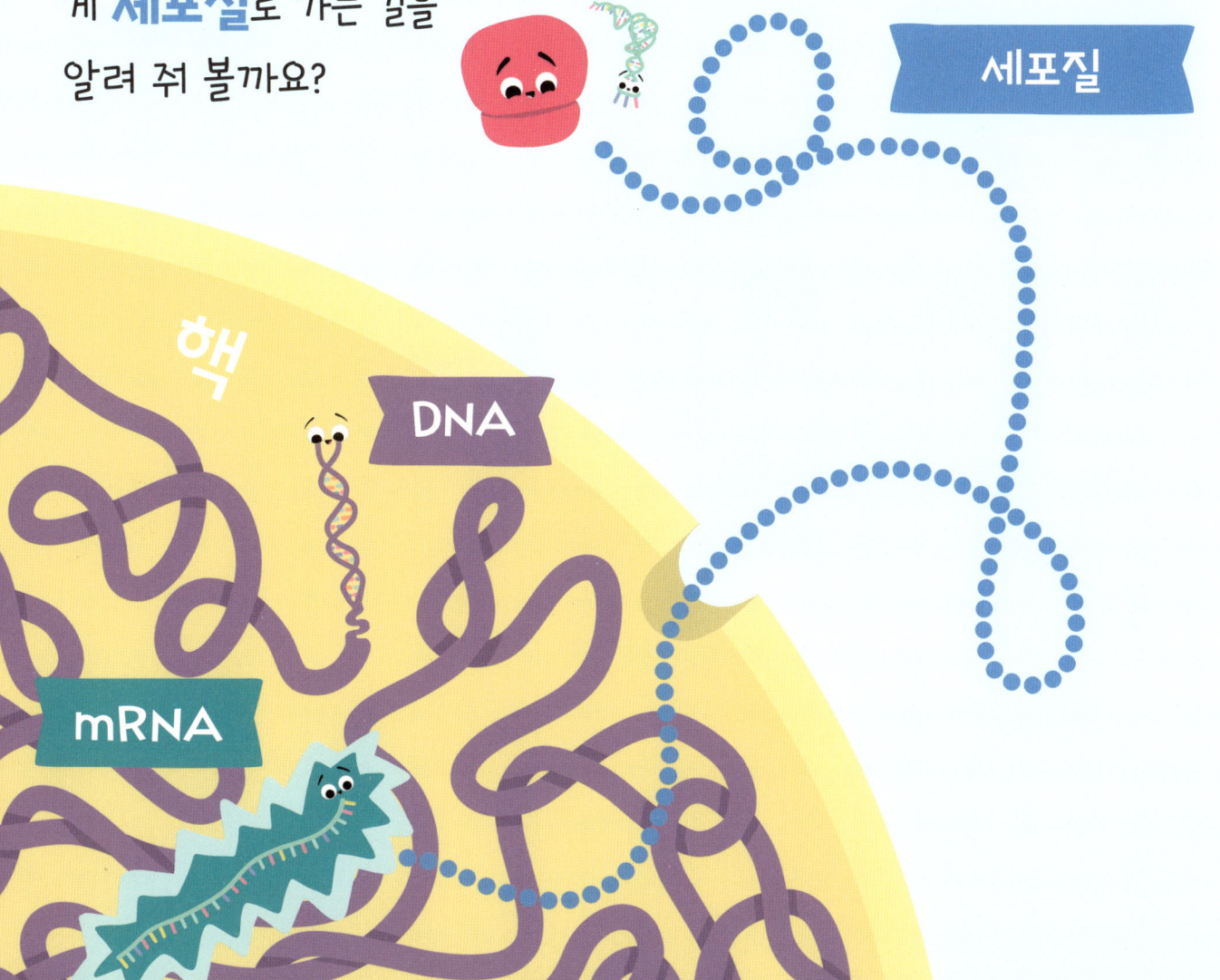

도착했어요! mRNA는 두 친구를 찾았어요. rRNA와 tRNA 예요. 반가워!

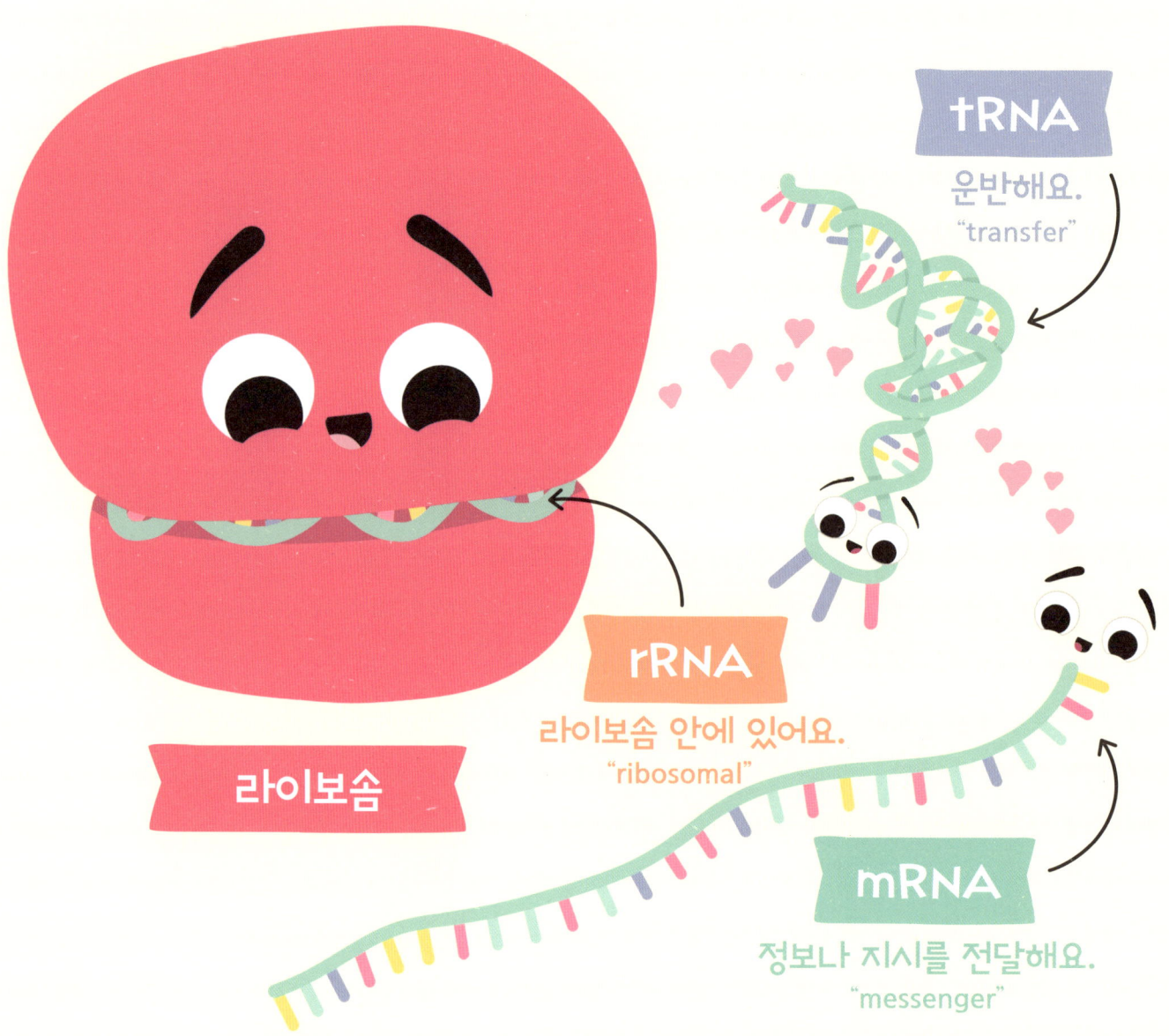

이 RNA들이 힘을 합쳐 단백질을 만들 거예요!
단백질을 만드는 건 RNA의 아주 중요한 임무 가운데 하나랍니다.

tRNA의 임무는 단백질의 구성 요소인 **아미노산** 블록을 운반하는 거예요.

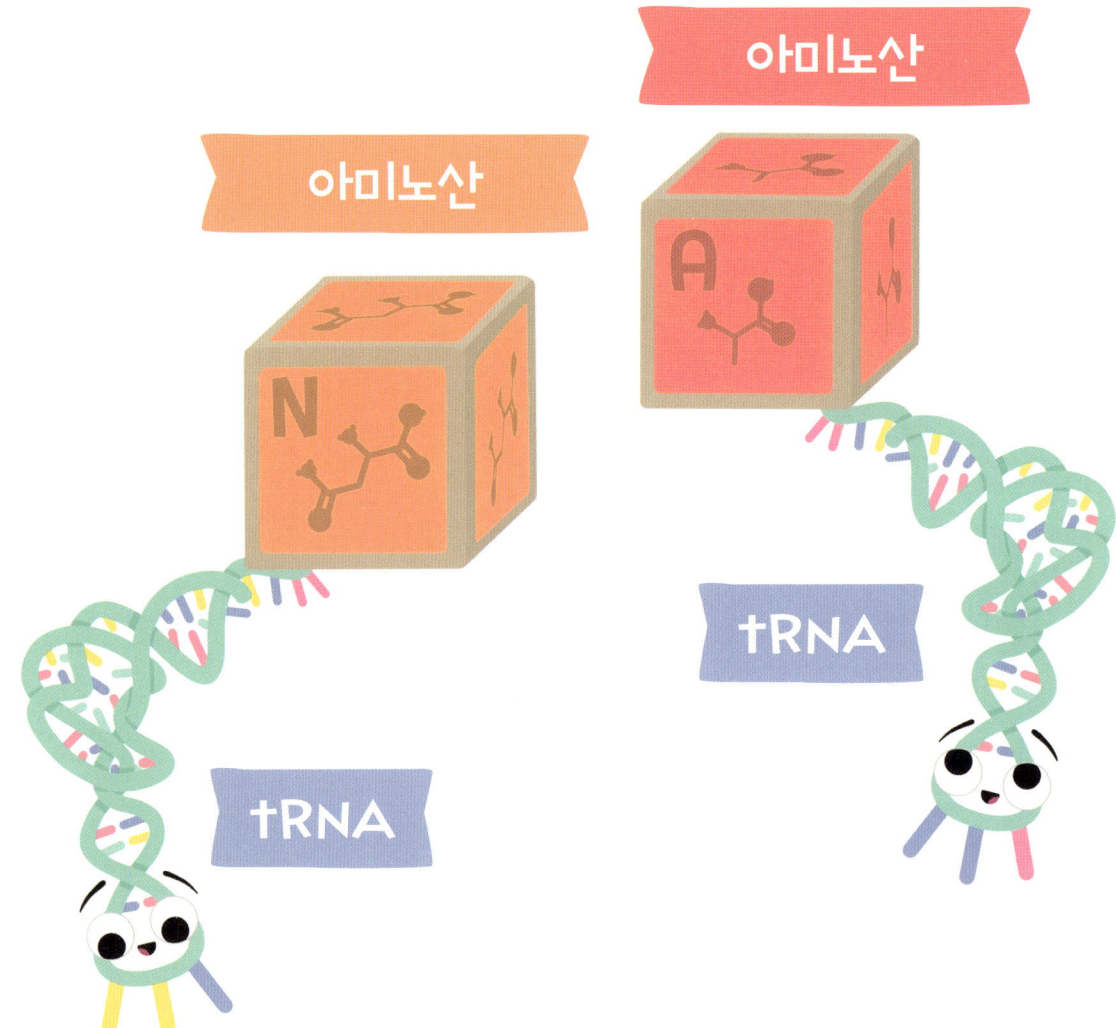

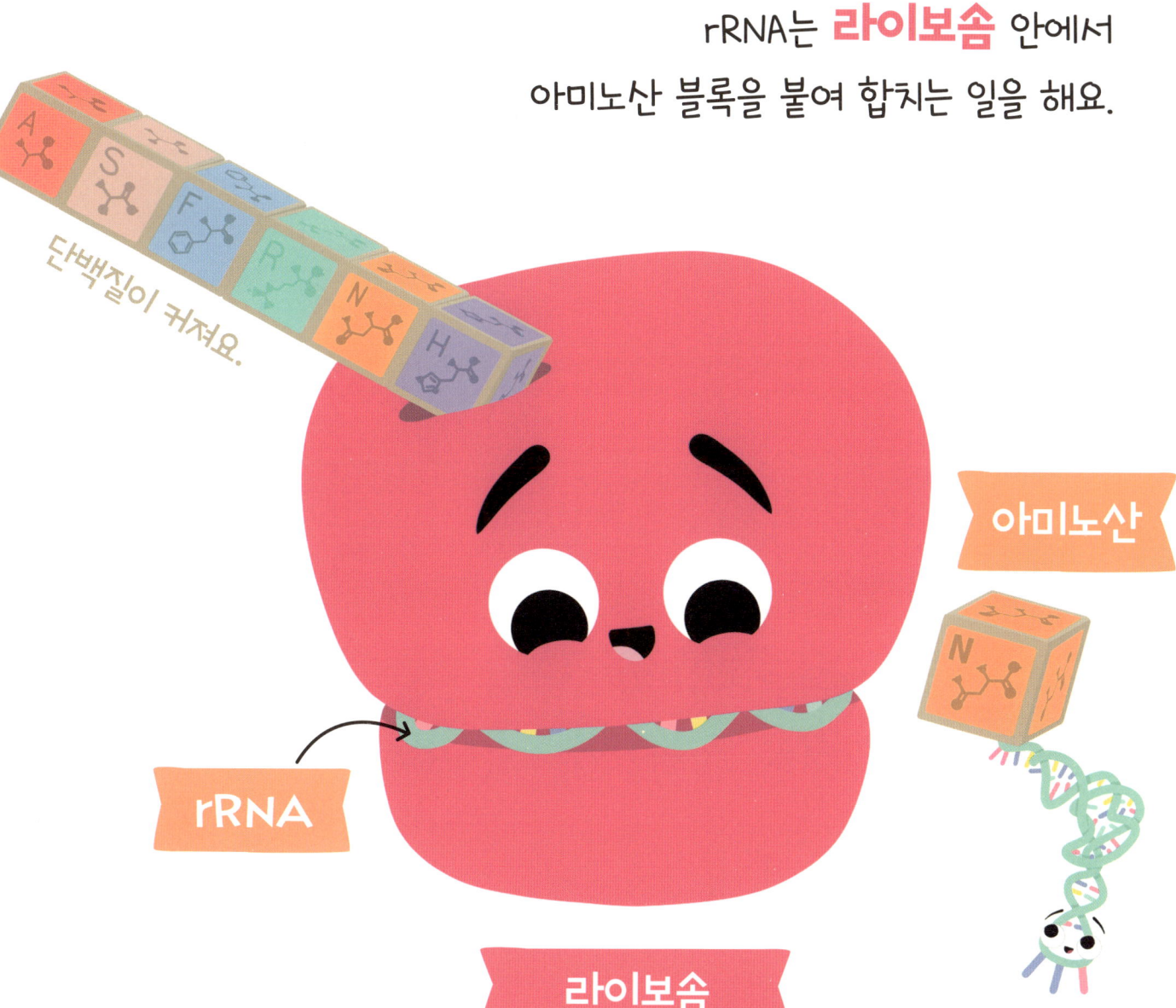

mRNA는 라이보솜 안에 딱 맞게 들어앉아 있어요. 거기서 아미노산 블록을 어떤 순서로 결합해야 하는지 알려 준답니다.

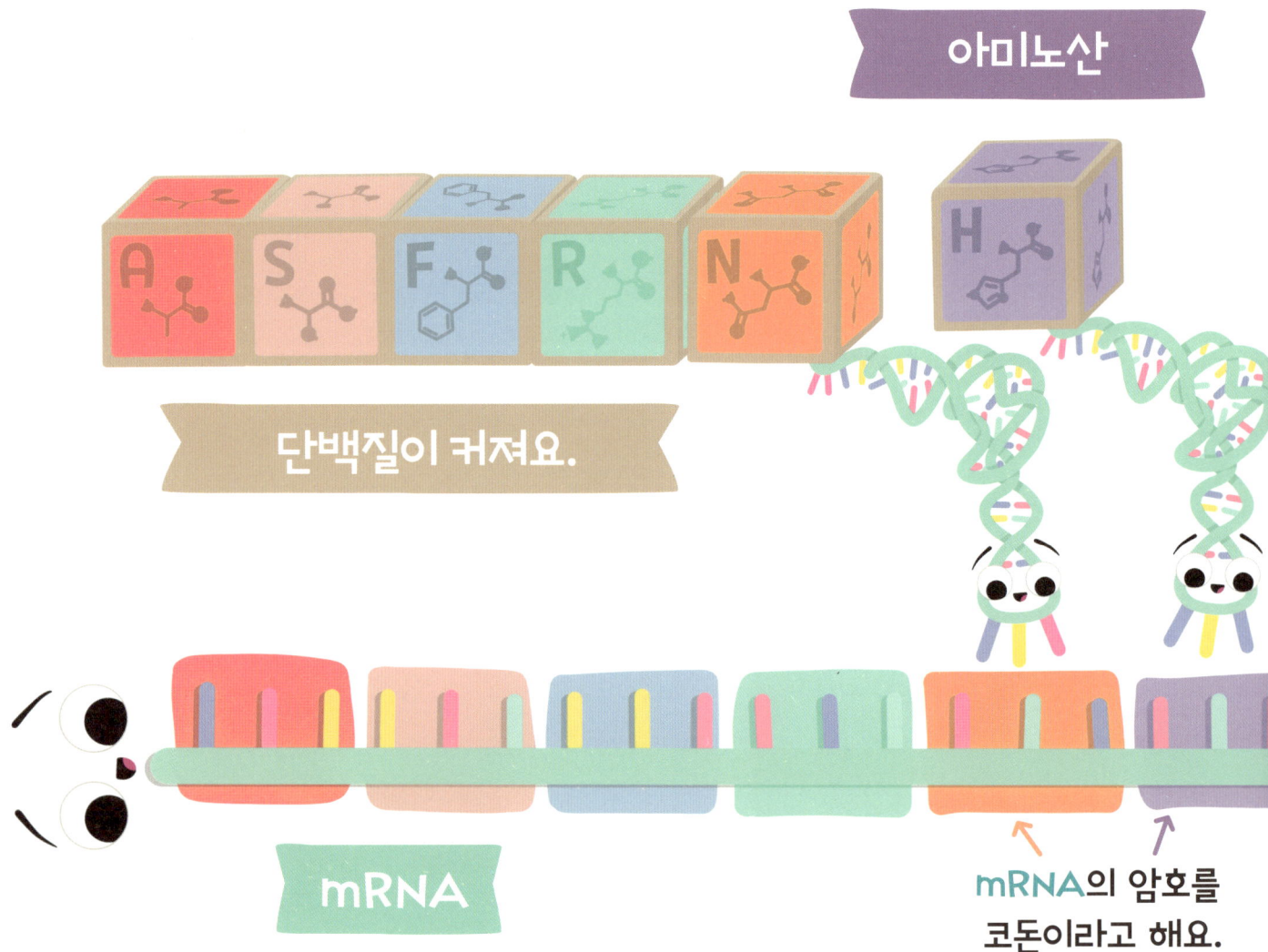

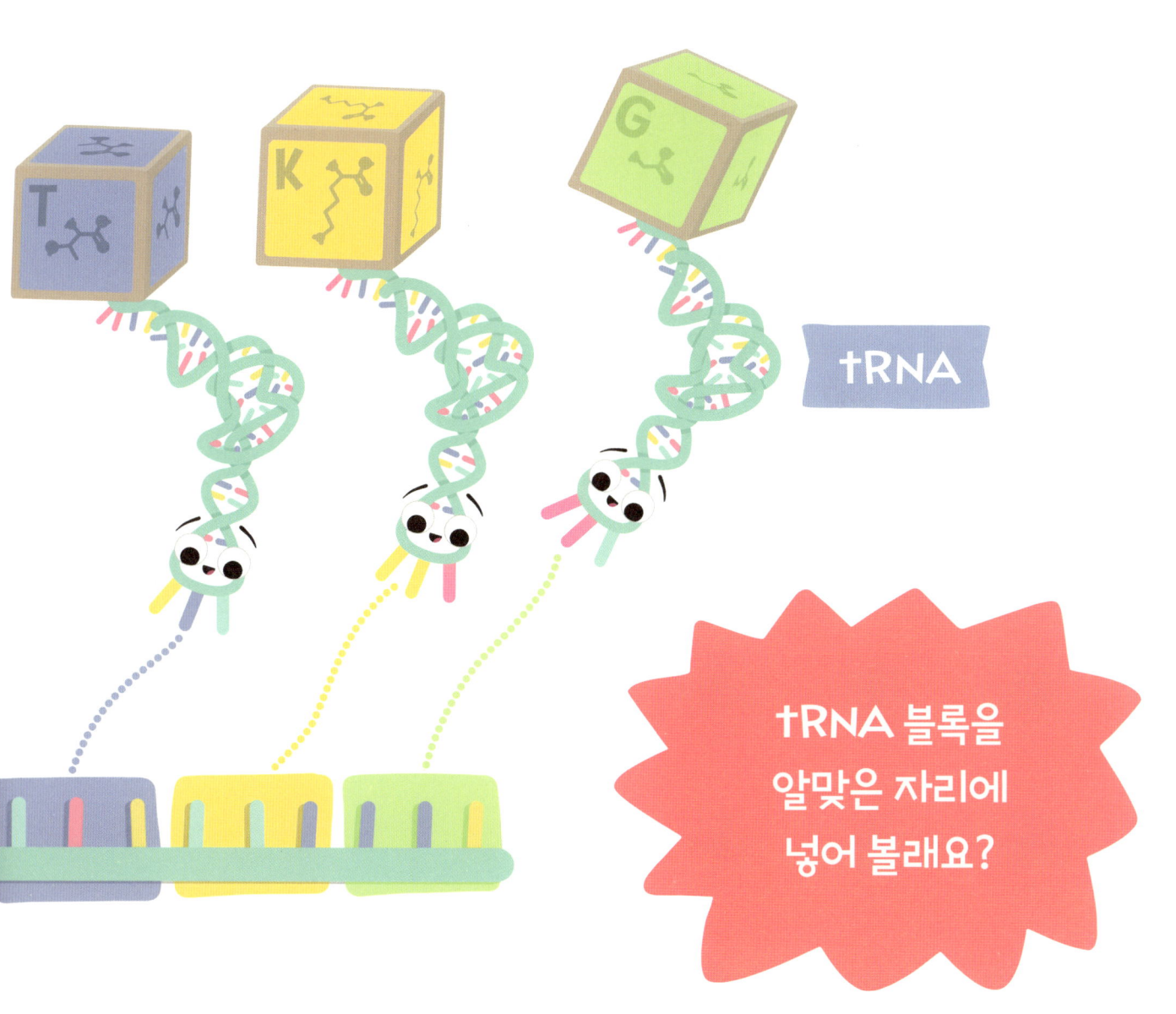

좋아요! 여러분은 방금 RNA가 **삼탄당 인산 이성질화 효소**를 만드는 걸 도왔어요! 이 효소는 여러분 몸 안에서 에너지가 만들어지도록 돕는답니다.

단백질을 만들기 위해 연결된 아미노산이에요!

단백질

이 RNA들은 자기들이 맡은 일도 잘 하고, 서로 돕는 것도 아주 좋아해요. 멋지죠!

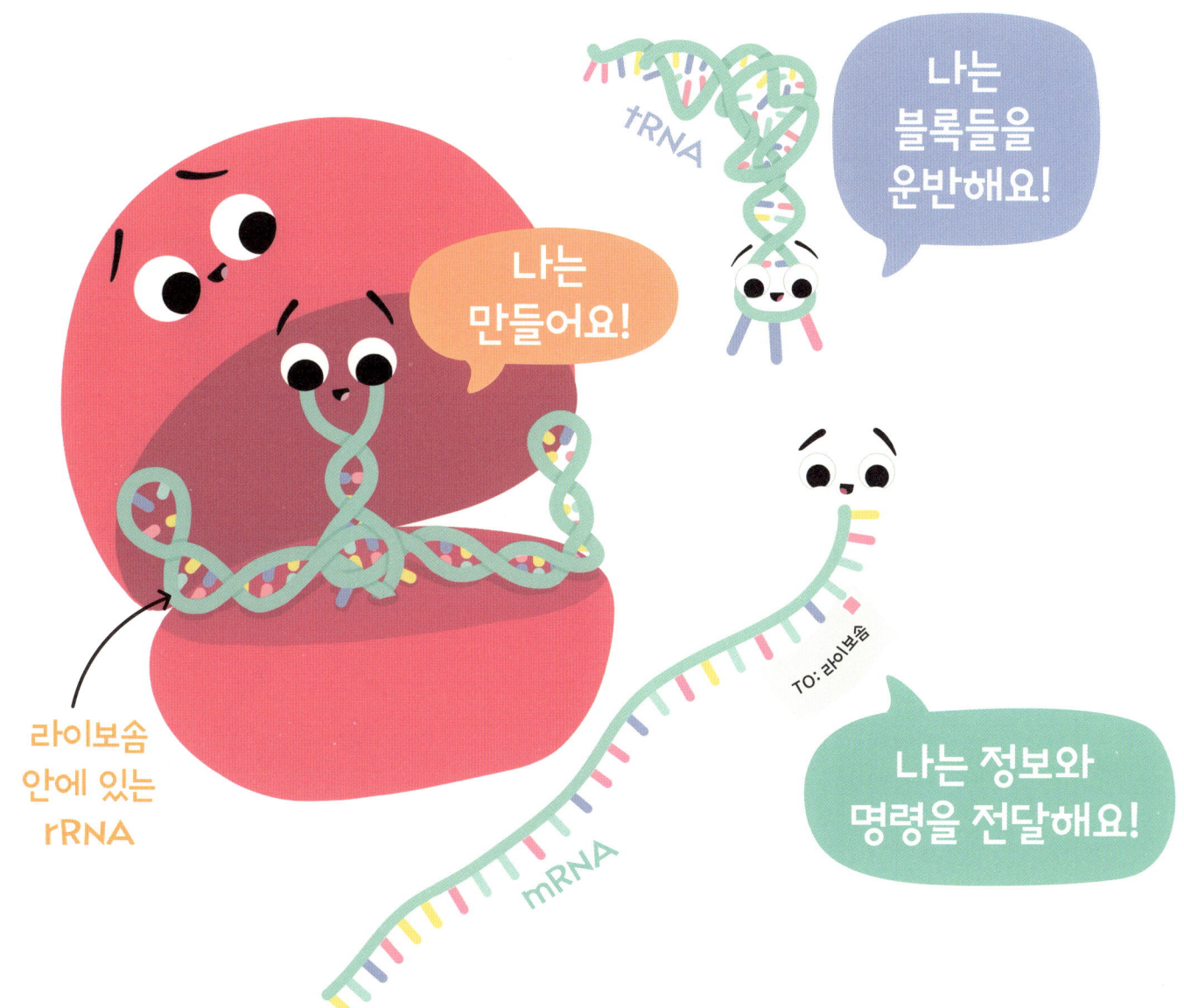

RNA는 그 밖에도 여러 일을 해요.

나는 라이보자임이야! 화학 반응이 빨리 일어나도록 도와줄게.

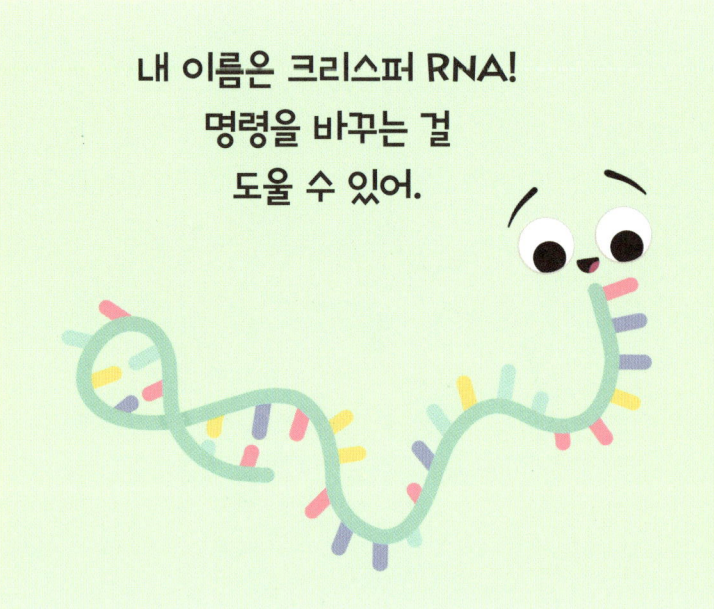

내 이름은 크리스퍼 RNA! 명령을 바꾸는 걸 도울 수 있어.

저는 마이크로 RNA랍니다! 명령을 읽지 못하게 할 수 있어요.

RNA 바이러스 게놈 나가신다! 미안하지만 세포를 감염시키겠어.

RNA는 독립적으로 움직이고, 아주 특별해요. 여러분처럼요!

과학자들은 RNA가 가진 능력과 쓰임새를 아주 열심히 연구하고 있어요. 정말 흥미롭고 놀라운 내용이 많답니다.

여러분도 자라서 RNA를 연구하는 **과학자**가 될 수 있을 거예요!

RNA

초판 1쇄 발행 2023년 11월 15일

지은이 카라 플로렌스 **옮긴이** 정회성
펴낸이 김현태 **펴낸곳** 책세상어린이 **등록** 2021년 1월 22일 제2021-000032호
주소 서울시 마포구 잔다리로 62-1, 3층(04031) **전화** 02-704-1251 **팩스** 02-719-1258
이메일 editor@chaeksesang.com **광고·제휴 문의** creator@chaeksesang.com
홈페이지 chaeksesang.com **페이스북** /chaeksesang **트위터** @chaeksesang
인스타그램 @chaeksesang **네이버포스트** bkworldpub

ISBN 979-11-5931-788-0 74080
ISBN 979-11-5931-969-3 (세트)

잘못되거나 파손된 책은 구입하신 서점에서 교환해 드립니다.
책값은 뒤표지에 있습니다.
책세상어린이는 도서출판 책세상의 아동·청소년 브랜드입니다.
전 연령의 어린이에게 적합한 도서입니다. Printed in Korea

All rights reserved
including the right of reproduction in whole or in part in any form.
This edition published by arrangement with Sourcebooks, LLC.
This Korean translation published by arrangement with
Chris Ferrie in care of Sourcebooks, LLC through Alex Lee Agency ALA.

이 책의 한국어판 저작권은 알렉스리에이전시 ALA를 통해 Sourcebooks, LLC사와 독점 계약한 책세상에 있습니다.
저작권법에 의해 한국 내에서 보호를 받는 저작물이므로 무단 전재와 복제를 금합니다.

지은이 **카라 플로렌스**

생화학자예요. 미국 이오나대학교에서 화학을 공부한 뒤 콜로라도 볼더대학교에서 생화학 박사 학위를 받았어요. 딸 셋과 함께 요리하고 실험하는 것을 즐기며, 어렸을 때부터 과학을 쉽고 친밀하게 느낄 수 있도록 어린이를 위한 책을 쓰고 있어요.

옮긴이 **정회성**

도쿄대학교 대학원에서 비교문학을 공부하고 성균관대학교와 명지대학교에서 번역 이론을 강의했어요. 지금은 인하대학교 영어영문학과 초빙교수로 재직하면서 번역가로 활동하고 있어요. 《피그맨》으로 2012년 IBBY(국제아동청소년도서협의회) 어너리스트(Hornor List) 번역 상을 받았어요. 옮긴 책으로 《위대한 개츠비》, 《인간 실격》, 《동물 농장》, 《월든》, 《이게 모두 사실이라고?》 등이 있고, 쓴 책으로 《혼자서도 술술 영어 일기 쓰기》, 《책 읽어 주는 로봇》, 《내 친구 이크발》 등이 있어요.

'키즈 유니버시티 시리즈' 사용 설명서

동화책을 읽어 줄 때처럼, 이 책도 열정을 가지고 읽어 주세요. 엄마나 아빠, 선생님 같은 어른들이 관심을 가진다면, 아이들도 그만큼 책에 주의를 기울일 거예요. 아이들이 이해할 수 있도록 도와주면서 호기심을 자극하세요. 과학이 중요하다는 사실을 알려 주세요.

아이들은 때때로 그림에만 흥미를 느끼고, 내용을 이해하지 못해 답답해하며 질문을 쏟아 낼지도 모릅니다. 그러면 가장 먼저 아이를 칭찬해 주세요. 또 함께 풀어 보자고 의욕을 북돋워 주세요. 생각과 질문이 얼마나 중요한 것인지도 얘기도 주시고요. 정답을 알지 못해도 괜찮다고 다독이며, 때로는 답을 찾아가는 과정이 더 재미있다는 것도 알려 주세요. 아이가 던지는 질문에 대한 가장 좋은 대답은 바로 "네 생각은 어떠니?"라고 되묻는 것입니다.

자신의 생각을 잘 표현하는 아이로 성장하려면, 학습이 하나의 과정이라는 사실을 꼭 이해해야 합니다. 성공은 단순히 정답을 맞히는 것 이상의 의미를 갖습니다. 성공이란 질문을 던질 수 있는 용기, 답을 찾아내려는 끈기, 틀렸을 때 다시 일어설 수 있는 회복력을 갖추는 것을 의미합니다. 틀려도 괜찮습니다. 모든 실패는 성공을 향한 걸음이니까요. 이 걸음에서 어른들의 역할은 아이에게 과학을 가르치고 사실을 알리는 것에 그치지 않고, 평생 배움을 이어 나가는 데 필요한 기술과 마음가짐을 깨우치게 하는 것입니다.

크리스 페리